Timoteo la tortuga

Escrito por Janie Spaht Gill, Ph.D.
Ilustrado por Bob Reese

⌐þ Dominie Press, Inc.

Timoteo pensó:

"Estoy en vacaciones de la escuela, y quiero visitar a mi amigo Manuel".

"No estoy seguro cómo voy a viajar.
Podría ir en bicicleta y jugar con él.

Pero no tengo un inflador,
y mi llanta está ponchada".

"Podría ir en patines
de ruedas, pero la calle
es muy empinada".

"Podría ir en mi monopatín,

pero hace un calor sin fin".

"Podría volar en un avión, pero costaría un montón".

11

AUTOBÚS

"Podría ir en autobús
con otra gente,

pero para en cada
esquina de repente".

"Podría ir en mi jeep destapado,

pero con la lluvia saldría mojado".

"Podría ir en un tren,

pero hace mucho ruido, de verdad".

"Podría ir en mi bote a motor,

pero el lago está fuera de la ciudad".

"Dios mío", pensó
mientras estaba parado.

"Supongo que iré a pie,
porque mi amigo vive
en la casa al lado".

- Pida a los niños que participen en un juego de transporte en el que un niño pantomima una forma de transporte y los otros niños adivinan cuál es.

- Pida a los niños que nombren los modos de transporte representados en el libro. A medida que nombran cada modo de transporte, escríbalo en la gráfica. Ordene los modos de transporte según la velocidad, del más veloz al menos veloz. También se pueden poner en orden alfabético. Se puede extender esta actividad nombrando modos de transporte que no están incluidos en el libro.

- Pida a los niños que pinten un mural de un pueblo pequeño, con caminos, colinas, casas, un río y un puente. Pueden dibujar los edificios en papel construcción, recortarlos y pegarlos en el mural. Entonces pueden dibujar varios modos de transporte y pegarlos en los lugares apropiados del mural.

Acerca de la Autora

La Dra. Janie Spaht Gill aporta a la escritura de sus libros para niños, veinticinco años de experiencia como maestra. Durante su carrera hasta el momento, ha sido maestra en todos los niveles, desde kínder hasta la universidad. Janie Gill tiene un doctorado en educación de lectura, con especialización secundaria en escritura creativa. Actualmente reside en Lafayette, Louisiana, con su esposo, Richard. Sus temas frescos y humorosos son inspirados por cosas que dicen los estudiantes en sus lecciones. Gill fue nombrada Maestra del Año en Educación Primaria de Louisiana 1999–2000, por su sobresaliente labor en la educación de los niños del estado.

Director General: Raymond Yuen
Consultora Editorial: Adria F. Klein
Editor Ejecutivo: Carlos A. Byfield
Diseñadora: Natalie Chupil
Ilustrador: Bob Reese

© Dominie Press, Inc. 2003. Derechos reservados. La reproducción o
transmisión total o parcial de esta obra, sea por medio electrónico,
mecánico, fotocopia, cinta magnetofónica u otro sin el consentimiento
expreso de los propietarios del copyright está prohibida al amparo de la
legislación de derechos de autor.

Publicado por:

🔲 **Dominie Press, Inc.**

1949 Kellogg Avenue
Carlsbad, California 92008 EE.UU.

www.dominie.com
(800) 232-4570

Cubierta de cartón ISBN 0-7685-2897-6

Printed in Mexico

10   18